WEEKLY **WR** READER

EARLY LEARNING LIBRARY

My Day at School/
Mi día en la escuela

Playing at School/
Juego en la escuela

by/porJoanne Mattern

Reading consultant/Consultora de lectura:
Susan Nations, M.Ed.,
author, literacy coach,
consultant in literacy development/
autora, tutora de alfabetización,
consultora de desarrollo de la lectura

SP
372.12
MAT
C-1
10.46

Library of Congress Cataloging-in-Publication Data

Mattern, Joanne, 1963-
    [Playing at school. Spanish & English]
    Playing at school = Juego en la escuela / by/por Joanne Mattern
      p. cm. — (My day at school = Mi día en la escuela)
    Includes bibliographical references and index.
    ISBN-10: 0-8368-7362-9 — ISBN-13: 978-0-8368-7362-7 (lib. bdg.)
    ISBN-10: 0-8368-7369-6 — ISBN-13: 978-0-8368-7369-6 (softcover)
    1. Recesses—Juvenile literature.   2. Games—Juvenile literature.   3. School children—Juvenile literature.
  I. Title. II. Title: Juego en la escuela. III. Series: Mattern, Joanne, 1963- My day at school.
  LB3033.M3818   2007
  372.12'44—dc22
                                                 2006017293

This edition first published in 2007 by
Weekly Reader® Early Learning Library
A Member of the WRC Media Family of Companies
330 West Olive Street, Suite 100
Milwaukee, WI 53212 USA

Editor: Barbara Kiely Miller
Art direction: Tammy West
Cover design and page layout: Kami Strunsee
Picture research: Diane Laska-Swanke
Photographer: Gregg Andersen
Translators: Tatiana Acosta and Guillermo Gutiérrez

Printed in the United States of America

1 2 3 4 5 6 7 8 9 10 09 08 07 06

Note to Educators and Parents

Reading is such an exciting adventure for young children! They are beginning to integrate their oral language skills with written language. To encourage children along the path to early literacy, books must be colorful, engaging, and interesting; they should invite the young reader to explore both the print and the pictures.

The *My Day at School* series is designed to help young readers review the routines and rules of a school day, while learning new vocabulary and strengthening their reading comprehension. In simple, easy-to-read language, each book follows a child through part of a typical school day.

Each book is specially designed to support the young reader in the reading process. The familiar topics are appealing to young children and invite them to read — and re-read — again and again. The full-color photographs and enhanced text further support the student during the reading process.

In addition to serving as wonderful picture books in schools, libraries, homes, and other places where children learn to love reading, these books are specifically intended to be read within an instructional guided reading group. This small group setting allows beginning readers to work with a fluent adult model as they make meaning from the text. After children develop fluency with the text and content, the book can be read independently. Children and adults alike will find these books supportive, engaging, and fun!

— Susan Nations, M.Ed., author, literacy coach,
and consultant in literacy development

Nota para los maestros y los padres

¡Leer es una aventura tan emocionante para los niños pequeños! A esta edad están comenzando a integrar su manejo del lenguaje oral con el lenguaje escrito. Para animar a los niños en el camino de la lectura incipiente, los libros deben ser coloridos, estimulantes e interesantes; deben invitar a los jóvenes lectores a explorar la letra impresa y las ilustraciones.

La serie *Mi día en la escuela* está pensada para ayudar a los jóvenes lectores a repasar las actividades y normas de un día de escuela, mientras enriquecen su vocabulario y refuerzan su comprensión. Cada libro presenta, en un lenguaje sencillo y fácil de entender, las actividades de un niño durante parte de un típico día escolar.

Cada libro está especialmente diseñado para ayudar al joven lector en el proceso de lectura. Los temas familiares llaman la atención de los niños y los invitan a leer —y releer— una y otra vez. Las fotografías a todo color y el tamaño de la letra ayudan aún más al estudiante en el proceso de lectura.

Además de servir como maravillosos libros ilustrados en escuelas, bibliotecas, hogares y otros lugares donde los niños aprenden a amar la lectura, estos libros han sido especialmente concebidos para ser leídos en un grupo de lectura guiada. Este contexto permite que los lectores incipientes trabajen con un adulto que domina la lectura mientras van determinando el significado del texto. Una vez que los niños dominan el texto y el contenido, el libro puede ser leído de manera independiente. ¡Estos libros les resultarán útiles, estimulantes y divertidos a niños y a adultos por igual!

— Susan Nations, M.Ed., autora/tutora de alfabetización/
consultora de desarrollo de la lectura

I play at school each day.

Our playtime is called **recess**.

- - - - - - - - - - - - - - -

Yo juego en la escuela todos los días. La hora de jugar se llama **recreo**.

Some days are rainy or cold.

We have recess inside.

- - - - - - - - - - - - - -

Algunos días llueve o hace frío.

Tenemos el recreo dentro de

la escuela.

Today is sunny and warm.

We can play outside.

- - - - - - - - - - - - - - -

Hoy hace sol y calor.

Podemos jugar fuera.

I like to play on the **playground**.

I like to go down the **slide**.

— — — — — — — — — — —

Me gusta jugar en el **patio de recreo**. Me gusta bajar por la **resbaladilla**.

I wait for my turn on the **swing**.

We all like the swing.

- - - - - - - - - - -

Espero mi turno en el **columpio**.

A todos nos gusta columpiarnos.

Sometimes we play **tag**.

We try to catch each other.

- - - - - - - - - - - -

A veces, jugamos a **pillapilla**.

Nos perseguimos corriendo.

Some children play ball. They kick
the ball across the playground.

— — — — — — — — — — —

Algunos niños juegan a la pelota.

Patean la pelota por todo el patio.

I like to jump rope with my friends.

We take turns jumping.

- - - - - - - - - - - - -

Me gusta saltar la cuerda con mis

amigas. Nos turnamos para saltar.

Recess is over. We line up to go back inside. I like to play at school!

- - - - - - - - - - - - - - - -

Se acabó el recreo. Nos ponemos en fila para volver a entrar. ¡Me gusta jugar en la escuela!

Glossary

playground — an area outside with swings, slides, and other things to play on

recess — a break or rest from work

slide — a smooth surface that people move down quickly while sitting

swing — a hanging seat that a person moves back and forth on for fun

tag — a game in which one player called "it" chases the other players and tries to touch them. The person touched becomes "it" next.

Glosario

columpio — asiento que cuelga y en el que una persona puede moverse hacia delante y hacia atrás para divertirse

patio de recreo — lugar con columpios, resbaladillas y otros juegos

pillapilla — juego en el que un jugador que "la lleva" persigue a los demás jugadores y trata de tocarlos. La persona tocada es entonces quien "la lleva".

recreo — descanso o pausa en el trabajo

resbaladilla — superficie lisa por la que podemos bajar sentados rápidamente

For More Information/Más información

Books

Acka Backa Boo! Playground Games from Around the World. Opal Dunn (Henry Holt)

The Recess Queen. Alexis O'Neill (Scholastic)

Over in the Pink House: New Jump-Rope Rhymes. Rebecca Kai Dotlich (Boyds Mills Press)

Libros

Dos pies suben, dos pies bajan. Pamela Love (Children's Press)

Le Toca a Guillermo. Rookie Español (series). Ana Grossnickle Hines (Scholastic)

Index

balls 16

friends 18

jumping rope
    18

playgrounds
    10, 16

recess 4, 6, 20

slides 10

swings 12

tag 14

taking turns
    12, 18

Índice

amigos 18

columpios 12

patios de recreo
    10, 16

pelota 16

pillapilla 14

recreo 4, 6, 20

resbaladillas 10

saltar la cuerda
    18

turnarse 12, 18

About the Author

Joanne Mattern has written more than one hundred and fifty books for children. Joanne also works in her local library. She lives in New York State with her husband, three daughters, and assorted pets. She enjoys animals, music, going to baseball games, reading, and visiting schools to talk about her books.

Información sobre la autora

Joanne Mattern ha escrito más de ciento cincuenta libros para niños. Además, Joanne trabaja en la biblioteca de su comunidad. Vive en el estado de Nueva York con su esposo, sus tres hijas y varias mascotas. A Joanne le gustan los animales, la música, ir al béisbol, leer y hacer visitas a las escuelas para hablar de sus libros.